LES

ARMES DE GUERRE

SE CHARGEANT PAR LA CULASSE

ET LE

FUSIL A AIGUILLE PRUSSIEN

PAR

L. DU PUY DE PODIO.

Avec 3 planches.

PARIS
LIBRAIRIE MILITAIRE, MARITIME ET POLYTECHNIQUE
J. CORRÉARD, éditeur,
3, BOULEVARD SAINT-ANDRÉ, 3
Maison de la fontaine Saint-Michel.

1867

LES

ARMES DE GUERRE

SE CHARGEANT PAR LA CULASSE

ET LE

FUSIL A AIGUILLE PRUSSIEN

PAR

L. DU PUY DE PODIO.

Avec 3 planches.

PARIS

LIBRAIRIE MILITAIRE, MARITIME ET POLYTECHNIQUE

J. CORRÉARD, éditeur,

3, BOULEVARD SAINT-ANDRÉ, 3.

Maison de la Fontaine Saint-Michel.

1866

PREMIÈRE PARTIE.

1. Le Zundnadel-gewer. — 2. Son rôle à Sadowa. — 3. Historique des armes se chargeant par la culasse. — 4. Avantages généraux qui résultent de ce genre de chargement; conditions qu'il doit remplir. — 5. Examen des différents systèmes existants et des principales applications qui ont été faites en France à diverses époques.

TABLE DES MATIÈRES.

LES ARMES DE GUERRE
SE CHARGEANT PAR LA CULASSE
ET LE
FUSIL A AIGUILLE

Première partie :

1. Le *zundnadel-gewehr* 5
2. Son rôle à Sadowa 10
3. Histoire des armes se chargeant par la culasse 18
4. Avantages généraux qui résultent de ce genre de chargement; conditions qu'il doit remplir 25
5. Examen des différents systèmes existant et des principales applications qui ont été faites en France à diverses époques 36

Deuxième partie :

1. Origine du fusil à aiguille 49
2. Description du fusil à aiguille prussien (Modèle 1862) 53
3. Fusil à aiguille (Modèle 1841 et manœuvre de chargement.) 60
4. Description de la cartouche prussienne 68
5. De la pratique du tir dans l'armée prussienne 72
6. Conclusion 76

LES ARMES DE GUERRE

SE CHARGEANT PAR LA CULASSE.

LE FUSIL A AIGUILLE.

PREMIÈRE PARTIE.

I

Les victoires de Nachod et de Sadowa ont été tellement foudroyantes, que tout le monde, les journaux les premiers, ont semblé devoir attribuer sans partage ce grand succès au *Zundnadelgewehr* prussien; et spéculant tant sur le résultat moral, que sur l'agitation politique du moment, on a fait de cette arme un épouvantail dont l'emploi en réalité n'a été *qu'une des causes déterminantes* de la victoire, et non la cause essentielle et principale.

Entraînées dans cette fougue passionnée, quelques voix en sont venues puérilement, sans renseignements, ni connaissance de faits, jusqu'à accuser de lenteur les commissions spéciales dont les travaux aussi persévérants qu'habiles, conduits sous une direction souveraine, viennent chaque jour jeter un nouvel éclat de lumière sur le vaste champ du perfectionnement des armes de guerre; d'autres enfin, se faisant l'écho complaisant de *dit-on* purement imaginaires, ont annoncé avec emphase des inventions d'armes à feu, basées sur la puissance de l'électricité (1); mais dont les prétendus résultats, demeurés au bout de leur plume, n'ont trouvé de crédit que chez les personnes qui, peu versées dans l'étude des armes, ignorent ce premier rudiment de la science : « Que si un projectile livré à lui-même est dirigeable dans l'espace, la décharge électrique ne l'est qu'au moyen de conducteurs. »

Mais revenons à notre sujet, en laissant de côté ces assertions que le simple bon sens condamne,

(1) L'électricité ne peut être appliquée dans le tir des armes à feu portatives, que comme moyen de communiquer le feu à la charge de poudre, et encore on peut se demander quel est l'avantage de ce procédé, qui : 1° sépare la cartouche de son amorce; 2° exige un élément de poche assez puissant pour produire l'étincelle, que bien peu de chose peut neutraliser; et 3° dont le résultat est de produire une vitesse nuisible au maniement et au service de l'arme.

et dont le moindre tort est, en faussant la vérité, de ramener les croyances au vieux temps des chercheurs du mouvement perpétuel et de la pierre philosophale.

Inquiète par la seule raison d'un langage plein d'un enthousiasme exagéré, en faveur d'une arme à peine connue en France, l'opinion publique tout d'abord s'est émue, en se demandant si cet armement ne constituait pas pour la Prusse une cause radicale de supériorité vis-à-vis des autres grandes puissances de l'Europe. — Cependant, devenue bientôt circonspecte par l'évidence même de ces exagérations, elle s'est peu à peu rassurée ; et c'est au moment où elle cherchait à connaître la vérité sur l'engin qu'on lui représentait comme un fantôme exterminateur, que l'arquebuserie parisienne, ayant placé sous ses yeux des spécimens plus ou moins officiels du *zundnadel-gewehr*, elle y reconnut un fusil avec des accessoires de mécanisme différents du nôtre ; mais rien de plus !

Aujourd'hui donc que cet engouement semble un peu calmé, nous allons mettre à nu et au grand jour ce *terrible fusil à aiguille*, pour nous servir de l'expression consacrée ; et en l'étudiant avec la plus grande impartialité, au point de vue de sa valeur en justesse, il ne nous serait pas difficile de prouver que si en France cette arme meurtrière, mais sans justesse, n'a pas été acceptée, c'est qu'on a eu assez de prudence et de sagesse pour *ajourner jusqu'à plus ample perfection* l'application d'un système qui, tel qu'il se présente encore actuellement à l'étranger est vicieux, et dont l'adoption définitive aurait eu pour conséquence fâcheuse de doter l'armée d'un armement défectueux sous le double rapport de la précision et de la puissance.

Bref, disons de suite que déjà depuis longtemps trois armes perfectionnées de ce genre, mais appartenant à des systèmes différents, sont en parallèle, et dont les essais comparatifs, actuellement exécutés au camp de Châlons, donnent des résultats bien autrement supérieurs en justesse, à ceux du *zundnadel-gewehr;* résultats remarquables par leur degré de puissance, et qui se compensent sous le rapport de la justesse et de la rapidité du tir.

En présence d'un tel état de choses, il n'y a que la sanction d'une longue pratique qui puisse indiquer le choix à faire, pour conduire à une adoption définitive; et si jusqu'à ce jour il y a eu un retard réfléchi dans cette adoption, ce retard trouve une excuse légitime dans les motifs que nous venons de préciser. Nous reparlerons plus tard de ces armes, qui seront l'objet d'une étude spéciale et détaillée, et dont l'une, qui semble devoir être définitivement adoptée, est une heureuse combinaison des *systèmes à aiguille et Chassepot perfectionnés*.

Où en serait donc l'art de la tactique, s'il devenait impuissant à diriger les opérations d'une armée, en présence d'un ennemi dont l'armement sans justesse n'a de puissance meurtrière qu'à bout portant? Mais qu'on se rassure, et pour notre part, tout en reconnaissant la nécessité impérieuse d'une transformation radicale, nous n'envisageons pas sous un verre aussi grossissant le *zundnadelgewehr*, qui n'a d'autre valeur que d'être redoutable par la rapidité de ses coups ; cela dans un tir très-rapproché, et dont le rôle dans la bataille de Sadowa a été d'une importance réellement exagérée.

Enfin doit-on méconnaître cette maxime pleine de vérité que « si la victoire ingrate et capricieuse, sans respect pour la bravoure ou le nombre, ne pardonne ni la faute ni l'ignorance, on lui doit cette justice, c'est qu'elle ne prive de ses faveurs, pas plus devant l'instrument de mort, qu'elle ne s'abrite derrière lui pour les distribuer. »

La présence du fusil à aiguille sur le champ de bataille ne date pas seulement des événements d'hier. On l'a vu faire sa première campagne en 1849, lors de l'insurrection Badoise, et plus récemment, dans la guerre des duchés (1864). Or, qui pouvaient être meilleurs juges de sa valeur, que ces États allemands qui, après avoir été à même d'*en voir* et *éprouver* de si près les effets, avaient eu tout le temps et les moyens de se l'approprier et de le perfectionner s'ils l'avaient jugé nécessaire?

Certainement les évènements dont la Bohême vient d'être le théâtre ont pu prouver que la Prusse avait sous certains rapports un armement supérieur à celui de l'Autriche, qui avait fondé tant d'espoir dans le fusil Lorentz; mais ils sont loin d'avoir démontré que cet armement fut la dernière expression du progrès.

II

Nous trouvons dans un récit de la bataille de

Sadowa, publié par le *Times*, récit dont l'impartialité, le charme et la clarté du style dénotent de la part de son auteur une profonde connaissance de l'art militaire, le passage suivant :

« L'infanterie prussienne, qui avait emporté les villages de Sadowa et de Dohilnitz, fut alors renvoyée à l'attaque du bois qui, au-dessus de ces deux villages, s'étend le long de la route de Sadowa et de Lissa. Elle s'avança donc de ce côté, mais sans beaucoup de résultat au premier abord; car les Autrichiens étant masqués par le bois, le *feu des fusils à aiguille ne portait pas*, tandis qu'une batterie complète, placée à l'extrémité du bois, et pointant à travers les arbres, faisait d'affreux ravages dans les rangs prussiens; enfin les assaillants, brisant les obstacles qui les arrêtaient, firent irruption dans le bois.

« Le combat continua d'arbre en arbre.

« Les Autrichiens renouvelèrent leurs assauts pour reprendre la position; mais, dans cette lutte corps à corps, leurs jeunes soldats tombaient comme des quilles devant les vigoureuses troupes de la 8e division. Cependant, quand ils se furent un peu repliés en arrière et que leur artillerie put agir à travers les arbres, les Prussiens eurent beaucoup à souffrir, et environ à moitié chemin du bois, la mêlée resta stationnaire.

« En même temps, l'artillerie autrichienne faisait merveille, de sorte que, à une heure de l'après-midi, la ligne entière de bataille des Prussiens ne pouvait plus avancer, et se trouvait même obligée de combattre avec acharnement pour garder les positions qu'elle avait gagnées. Un moment même, elle parut sur le point de les perdre; car une partie des canons avait été démontée par l'artillerie ennemie, et, sur ce terrain boisé, *le fusil à aiguille n'avait pas beau jeu, en sorte que la bataille était égale pour les deux infanteries.*

« C'est alors que le prince Frédéric-Charles lança en avant les 5e et 6e division. Les soldats, ayant jeté leurs casques et leurs sacs, descendirent la pente jusqu'à la rivière. Le roi se trouvait alors près de Bistritz, et les troupes le saluèrent de leurs chaleureuses acclamations en marchant à la bataille. Ils traversèrent le pont de Sadowa, disparurent dans le bois, et bientôt le bruit croissant de la mousqueterie fit connaître qu'ils avaient engagé la bataille. Mais les artilleurs autrichiens leur envoyèrent volée sur volée, et ils ne purent guère avancer que d'une centaine de mètres; car eux aussi tombaient sans pouvoir même joindre l'ennemi. *Non-seulement ils étaient atteints par la mitraille* qui faisait d'énormes trouées dans leurs rangs; mais encore *des fragments d'arbres enlevés par les boulets venaient leur faire d'affreuses blessures.* »

« Sur la droite, le général Herwarth semblait aussi arrêté. La fumée de sa mousqueterie et de son artillerie, qui jusqu'alors avait rapidement avancé, s'était momentanément arrêtée.

« Il était impossible d'envoyer les soldats de Fransky, eux-mêmes taillés en pièces, à l'attaque du bois de Sadowa; car ils auraient été exposés à être pris à revers par l'artillerie de la droite autrichienne, rangée en bataille en avant de Lissa. Toute l'artillerie prussienne était engagée, à l'exception de huit batteries, que l'on conservait en réserve en cas d'échec.

« Ainsi la première armée se trouvait réellement arrêtée dans sa marche, sinon déjà refoulée. Les généraux commençaient à tourner des regards inquiets sur leur gauche, dans la direction de l'armée du prince royal. On apercevait bien quelques canons autrichiens qui faisaient feu sur la gauche des Prussiens, et on espérait qu'ils pourraient bien avoir affaire avec l'avant-garde de la seconde armée ; mais à trois heures, on n'avait encore aucun signe qui révélât la marche des colonnes prussiennes sur Lissa. L'anxiété des généraux redoublait ; ils firent replier leur infanterie, et disposèrent leur cavalerie de façon, soit à hâter la fuite des Autrichiens, soit à retarder leur poursuite. Le général Von Rhetz lui-même fut envoyé au-devant de la seconde armée, pour s'assurer de sa situation; il reparut bientôt pour annoncer que le prince royal avait déjà formé son attaque du côté de Lissa, et que c'était bien ses troupes qui avaient essuyé le feu de l'artillerie à la droite des Autrichiens. En un quart d'heure, l'infanterie du prince royal mit les Autrichiens en pleine retraite. La première armée revint alors à la charge; le prince Frédéric-Charles se mit lui-même à la tête de son régiment et s'élança sur le pont de Sadowa, suivi par toute sa cavalerie légère.

« En atteignant le sommet des hauteurs de Lissa, les Prussiens aperçurent les bataillons ennemis qui redescendaient le versant opposé, en suivant un ravin situé entre Lissa et Streselitz, village éloigné encore de deux milles vers le sud. L'artillerie prussienne s'arrêta sur ces hauteurs de Lissa, d'où elle fit un feu nourri et d'une extrême précision. La cavalerie se jeta aussi à la poursuite des bataillons autrichiens; mais ceux-ci, malgré leur retraite rapide, ne furent pas encore mis en déroute, et ils battirent même à plusieurs reprises la cavalerie prussienne, à qui leur artillerie fit éprouver des pertes considérables.

« Enfin les batteries autrichiennes durent céder au feu supérieur des Prussiens, et la poursuite recommença. Une partie de l'armée autrichienne s'enfuit dans la direction de Kœnigsgraetz, une autre dans la direction de Pardubitz. Les Prussiens les poursuivirent sur ces deux routes, ramassant un grand nombre de prisonniers; car la poursuite fut poussée jusqu'à l'Elbe, et ce n'est qu'à neuf heures du soir que les derniers coups furent tirés, quoique le gros de l'armée eût fait halte à sept heures.

« A leur retour, les princes furent accueillis par des cris d'enthousiasme; mais ils se dérobèrent à ces ovations pour aller s'occuper de l'organisation des ambulances et des hôpitaux.

« La bataille de Sadowa a été une grande victoire pour l'armée prussienne. Cette armée s'est battue avec un courage inouï, et pendant quatre heures, elle a supporté un feu épouvantable. *La cause immédiate de cette victoire a été l'attaque du prince royal sur la gauche des Autrichiens;* mais l'attaque de front a eu aussi une grande importance : si elle n'avait pas été aussi vigoureuse, les Autrichiens auraient peut-être été à même de repousser victorieusement cette dernière attaque de flanc. »

On voit donc par la simple analyse de ce rapport, que dans le premier engagement dont le bois de Benateck a été le théâtre, le fusil à aiguille, d'abord paralysé dans son emploi, ne portait pas (les Autrichiens étant masqués par le bois). Il devient ensuite un instrument de combat corps à corps, dans lequel son action est encore bien réduite. Les deux divisions du corps du prince Frédéric-Charles ayant franchi le pont de Sadowa, la bataille se livre dans le bois adossé à ce village, et c'est alors qu'au milieu d'un épouvantable désordre, le feu de l'artillerie, vomissant la mort de tous côtés, faisait d'affreux ravages de part et d'autre, et en quelques minutes des milliers d'hommes furent tués ou reçurent d'horribles blessures par les éclats de bois provenant des troncs et des branches d'arbre que les boulets et la mitraille fauchaient littéralement. Sadowa a donc été un combat effroyable d'artillerie et d'infanterie; mais dans lequel l'action du canon dominait toutes les autres, et dont l'issue, devenue une grande et belle victoire pour les Prussiens, a eu pour *cause immédiate* l'attaque vigoureuse du corps d'armée du prince Charles sur la gauche des Autrichiens, et qui aurait été repoussée indubitablement par ces derniers, si celle du centre avait rencontré la même résistance. Qu'on joigne à cela une différence numérique assez notable de combattants dans les troupes autrichiennes, et plus que tout cela, l'inaction et l'incurie inexplicables qui avaient présidé à leur disposition préliminaire, et on aura l'ensemble de toutes les raisons qui, sans amoindrir la valeur du triomphe, ont conduit les Prussiens à cette grande victoire dans laquelle, on le voit, le fusil à aiguille, bien qu'y occupant une large part, n'a pas été cependant pour eux le « *is omnia unus est.* »

Avant de donner la description et la théorie du fusil à aiguille prussien tel qu'il s'est présenté à

Düppel et à Sadowa, il nous paraît indispensable d'exposer au lecteur :

1° L'origine de la création et l'historique des armes se chargeant par la culasse ;

2° Les avantages principaux qui résultent de ce mode de chargement ;

3° D'indiquer les distinctions à établir entre les différents systèmes existants, qui se rattachent à ce genre de chargement ; et de décrire les différentes applications qui ont été essayées en France à diverses époques.

III.

L'invention des armes se chargeant par la culasse est fort ancienne. Pour la préciser rigoureusement, il faut remonter à l'époque du pistolet-revolver. Chose étrange ! Cette arme, qui tant par son nom que par celui de son importateur en Europe, semble être une invention toute moderne d'origine américaine, appartient au contraire aux échelons les plus reculés de l'histoire des armes de guerre.

Au quinzième siècle, les *reîtres* (cavaliers allemands) étaient déjà pourvus d'une arme toute primitive, de forme grossière, qui consistait en un simple tube terminé par un anneau auquel se fixait une lanière de cuir, servant à l'attacher à l'arçon de la selle. Pour tirer, on plaçait cette arme sur un appui en forme de fourchette fixé au pommeau de la selle, et le feu se communiquait à la charge de la même manière que pour toutes les armes de cette époque, c'est-à-dire au moyen d'une mèche compassée.

La longueur totale de cette arme, que l'on désignait vulgairement alors sous le nom de *bombardelle*, était d'une palme (15 à 16 centimètres), et comme son calibre était à peu près du diamètre d'une pièce de monnaie que l'on appelait pistole, de là lui vient le nom de *pistolet*.

En 1554, les reîtres se servirent du pistolet à la bataille de Renty, arme à laquelle ils avaient déjà apporté d'importantes améliorations ; et c'est vers cette époque qu'elle fut introduite en France, pour être exclusivement affectée au service de la cavalerie. L'usage de cette arme ne tarda pas à faire reconnaître des inconvénients sérieux : il arrivait quelquefois que dans le service à cheval, la baguette se perdait ou se cassait ; de plus, la lenteur provenant de la difficulté du chargement, faisait qu'après le coup de feu le cavalier en était réduit à combattre à l'arme blanche. On songea dès lors à y porter remède, et de là vint l'idée de multiplier le nombre de coups, ce qu'on obtint en adaptant à l'arrière du canon un faisceau composé de 5 tubes soudés ensemble. Cet assemblage tournait autour d'un axe disposé parallèlement à celui du canon; et à l'aide d'un mouvement révolutif imprimé avec la main, chaque tube venait s'ajuster successivement axe pour axe au canon. La charge s'introduisait avec les doigts dans chacun des tubes formant chambre (1).

Par là, on supprimait l'usage de la baguette, et on augmentait la puissance meurtrière de l'arme. Ainsi fut créé, vers 1615, le pistolet-revolver. Perfectionnement et importation américaine dus au colonel Colt, qu'à tort on a qualifié d'invention moderne, et qui n'a d'autre mérite, comme le dit

(1) On voit un curieux spécimen de cette arme primitive chez M. Camps, amateur distingué de Bruxelles, qui possède un fusil à cinq coups du système revolver, et dont le millésime est de 1626.

fort judicieusement M. le lieutenant Tackels, de l'armée belge, dans un très-intéressant opuscule sur le pistolet (1), et dans lequel nous avons puisé ces renseignements, que d'avoir été adopté pour désigner l'arme ainsi modifiée ; car la chose a existé en Europe avant le mot, puisqu'elle date d'environ 1600 ! — Telle est donc l'origine vraie des armes se chargeant par la culasse, dont la première application dans l'armée française date du règne de Louis XIV, et est due au maréchal de Saxe.

Ce savant capitaine avait imaginé, vers 1702, une arme à laquelle il avait donné le nom d'*amusette*. Cette arme, sorte de fusil de rempart destiné à suppléer la *couleuvrine* dans le service de la défense des places, consistait en un gros fusil se chargeant par l'arrière avec une balle de plomb pesant une demi-livre, et se manœuvrant sur une espèce de fourchette faisant office d'affût et de pivot. Mais comme le chargement se faisait sans cartouches, et que la fermeture, qui exigeait une manœuvre assez longue, n'était pas toujours bien

(1) *Etude sur le pistolet*, par J. Tackels, lieutenant au régiment des carabiniers. Paris, Tanera, éditeur, rue de Savoie, 6.

assurée, il en résultait des dangers sérieux pour les deux hommes employés à sa manœuvre, dangers que ne compensait pas la justesse de son tir. Ces raisons firent qu'on abandonna bientôt ce système, et on n'y revint que longtemps après, c'est-à-dire au commencement de ce siècle. Un modèle d'amusette plus petit avait été créé pour le service de la cavalerie ; mais il ne fut mis en essai que comme arme de fantaisie, et n'eut pas plus de succès que le précédent.

Dans l'amusette du maréchal de Saxe, le mécanisme est demeuré remarquable par son extrême simplicité. Voici en quoi il consistait :

Le fond de l'arme, d'une seule pièce, était traversé normalement à son axe par une vis multiple fixée à la sous-garde, qui lui servait d'écrou. Une révolution complète de la vis rendait libre en la soulevant, l'ouverture de la partie supérieure du tonnerre, par laquelle on introduisait d'abord la balle, puis on versait la poudre. Un tour de vis en sens inverse fermait le tonnerre en abaissant la partie mobile supérieure, ainsi que toute issue au gaz, si la vis remplissait exactement l'orifice taraudé qui lui servait d'écrou.

Les tentatives du maréchal de Saxe ayant échoué

tombèrent dans l'oubli, et la question dormait depuis un siècle quand le bruit de nos grandes batailles du commencement de l'empire sembla la réveiller de sa longue léthargie. L'empereur Napoléon Ier, qui avait souvent manifesté son appréciation en faveur des armes se chargeant par la culasse, fit étudier sérieusement les moyens de perfectionner ce mode de chargement, en encourageant généreusement les recherches et les tentatives entreprises dans ce but, et ce fut au milieu de cette agitation malheureusement trop momentanée, qu'un armurier de Paris alors justement célèbre, M. Pauly (à qui on dut plus tard l'invention d'une amorce fulminante (1), et qui s'était occupé de la question avec le plus grand zèle), présenta à l'Empereur, au commencement de l'année 1810, une arme pour laquelle il prit un brevet. Cette arme se chargeait par la culasse ; mais l'invention Pauly (2), d'abord accueillie avec une

(1) L'amorce Pauly se composait d'une pastille fulminante qui se fixait sur l'orifice hémisphérique d'une lumière communiquant avec la charge de poudre, et s'enflammait par le choc d'une tige de fer mise en mouvement par la pression du doigt sur la détente d'un ressort.

(2) Le système Pauly se composait d'une ouverture à la-

certaine faveur, échoua dans la pratique, et n'eut point de succès. Cet échec découragea les chercheurs qui avaient pris, dans moins de 15 ans, plus de 1200 brevets pour le perfectionnement des armes de guerre.

Redevenues stationnaires à la suite d'une série de tentatives infructueuses, les recherches en ce genre ne reprirent un peu d'animation que vers 1818, époque à laquelle on entreprit l'étude des *armes rayées,* travaux qui conduisirent à la création successive du fusil de rempart, *modèle* 1819 et *modèle* 1831, où l'on vit pour la première fois le mode de chargement par la culasse *adopté,* à un armement spécial, créé, comme l'avait été *l'amusette,* en vue du service de la défense des places;

batière, pratiquée à la partie supérieure du tonnerre et reliée par une forte charnière latérale parallèle à son axe.

Une broche garnie d'un anneau assurait la fermeture en pénétrant dans des ailettes établies à la partie opposée à la charnière, et disposées de la même manière que celles de cette dernière.

Quand on voulait ouvrir le tonnerre, on tirait la broche en arrière, et on soulevait la partie supérieure du tonnerre formant couvercle; la fermeture s'obtenait par une manœuvre inverse.

mais la question dévia encore de sa route, et au lieu de chercher à perfectionner et à étendre ce mode de chargement du fusil, à l'armement de certaines troupes, on se contenta d'adopter le système de rayure de l'arme. Il faut donc franchir tout l'espace qui nous sépare de la création du fusil de rempart, *modèle* 1829, de celle du mousqueton des Cent-Gardes, *modèle* 1854, pour retrouver une nouvelle trace de pas dans la question, au point de vue de son application militaire.

IV

De toutes les puissances de l'Europe, la Prusse est la seule qui déjà depuis longtemps ait adopté franchement et d'une manière générale pour l'armement de ses troupes, le système d'armes se chargeant par la culasse.

Soit que dès le début on n'ait ajouté qu'une confiance limitée dans l'application d'un système d'armes que semblaient proscrire la complication de son mécanisme, le peu de garantie de sécurité qu'il offrait, et les résultats défavorables que l'on en avait obtenus dans les expériences, sous le rapport de la justesse; soit enfin, que le prétendu *secret* de la fabrication de l'amorce fulminante n'eût pas été bien reconnu, et plus que tout cela, le manque de sanction de l'expérience sur le champ de bataille, ces raisons réunies firent que ce ne fut qu'après la campagne du Danemark, que cette question si importante fut de nouveau agitée, avec des opinions diversement partagées, mais dont la majorité cependant était favorable au système.

Depuis lors, l'exemple de la Prusse trouva des imitateurs en fabrication dans le Hanovre, la Hesse-Electorale et le Brunswick ; et c'est au moment où les recherches et les perfectionnements se poursuivaient en France avec une prudente réserve, que l'issue des grandes luttes dont la Bohême a été le théâtre vint confirmer des prévisions que l'on avait déjà formulées en faveur d'un armement qui, sans préciser de système, donnait matériellement une supériorité marquée aux troupes qui en étaient pourvues, en ce qu'il leur permettait, en un moment donné, de produire un tir très-rapide.

Le chargement par la culasse n'a conquis d'importance sérieuse, que du jour où la nouvelle école du champ de bataille a mis en évidence l'*avantage incontestable de la vitesse* dans le tir des armes de guerre. C'est en effet une nouvelle condition, qui en venant s'ajouter à celles fondamentales déjà existantes de la puissance et de la justesse, a ouvert un nouveau champ aux recherches du perfectionnement.

L'efficacité du feu de l'infanterie dépend donc actuellement de trois conditions essentielles : *Justesse, puissance* et *rapidité dans le tir*.

La vitesse admise, il faut que, tout en étant *rationnelle,* elle ait assez d'intensité pour assurer un résultat meurtrier et démoralisateur, sans cependant dépasser certaines limites, au delà desquelles l'arme n'étant plus maniable, des désordres sérieux peuvent se produire, ou si elle l'était encore, entraînerait à une consommation exagérée de munitions, ce qui, en certaines circonstances, pourrait avoir les conséquences les plus désastreuses.

Pour bien se rendre compte de la valeur du chargement par la culasse, il faut l'envisager sous deux points de vue différents :

1° Au point de vue de l'art militaire;

2° Au point de vue de la manœuvre, du service et de l'entretien de l'arme.

Au premier aspect, il démontre l'importance de la rapidité du tir en un moment donné.

Supposons d'abord qu'une colonne ennemie ait à franchir une distance de 400 mètres pour emporter d'assaut un ouvrage défendu par une troupe armée d'armes se chargeant par la culasse. Comme il faut au moins 3 minutes à l'ennemi pour franchir cette distance, il en résultera que, dans ce faible espace de temps, chaque assiégé aura pu exécuter 15 coups de feu, quantité qu'on peut facilement admettre, même dans un moment d'action, de la part des troupes exercées et tirant convenablement. Après avoir essuyé une fusillade aussi meurtrière, arrivera-t-elle victorieuse à son but? Il sera toujours permis d'en douter. Or, ce résultat serait bien inférieur en vitesse, avec des armes se chargeant par la bouche et qui ne peuvent difficilement produire plus de trois coups en deux minutes, soit 1 $^1/_2$ par minute.

Si nous supposons actuellement qu'une troupe de cavalerie charge un carré d'infanterie avec une vitesse de 500^m par minute; en une minute, c'est-à-dire pendant le temps nécessaire pour franchir cette faible distance, la troupe de cavalerie aura essuyé de la part de chaque homme du carré cinq coups de feu successifs; et de plus, comme dans le chargement le soldat n'a pas quitté un seul instant la position de *croisez la baïonnette*, la résistance du carré se trouvera ainsi nécessairement augmentée. Notons en outre que l'arme possédant un tir puissant et précis, le carré peut ouvrir son feu presque à toutes les distances d'où la cavalerie puisse s'élancer, et le continuer sans crainte de compromettre sa résistance, jusqu'au moment où les chevaux arrivent sur la pointe des baïonnettes. Enfin ce système supprimant l'emploi de la baguette permet de faire le chargement sans bruit, le rend facile même la nuit, et pour les hommes placés en tirailleurs ou en embuscade ; ce mode de chargement leur donne le moyen de charger l'arme et de la tirer dans toutes les positions, sans qu'il résulte pour eux la moindre gêne ou fatigue.

Mais pour bénéficier de ces avantages de premier ordre, et en obtenir un résultat sérieux, il faut impérieusement que les troupes armées de fusils se chargeant par la culasse soient parfaitement exercées à n'exécuter un tir rapide que sur l'ordre qui leur en sera donné, ce à quoi on peut arriver par une pratique intelligente et soutenue. Du reste l'expérience a prouvé qu'il n'est pas possible de tirer très-vite pendant quelques minutes, par suite de la température élevée qui se produit, et qui joint à la fatigue des bras une gêne insurmontable dans le maniement de l'arme.

Les armes se chargeant par la culasse ne peuvent donc en général fournir un tir rapide, qu'à la condition rigoureuse que le tir n'ait lieu que pendant un instant déterminé, et qui avec des troupes aguerries sera toujours décisif.

Au point de vue du service, on doit examiner les considérations suivantes :

1° La suppression de la baguette rend ces armes très-avantageuses pour le service de la cavalerie, et enlève au soldat d'infanterie la crainte de se blesser à la pointe de la baïonnette dans le maniement de la baguette (1).

2° La stabilité de la balle dans le canon est garantie en toutes circonstances; portant toujours très-exactement sur la poudre, puisqu'elle n'en est jamais séparée, on n'a plus à craindre que

(1) Cette suppression permet en outre de réduire le calibre et de donner plus d'épaisseur au canon, sans qu'il en résulte la moindre augmentation dans le poids général de l'arme; avantages de première importance sous le rapport de la justesse et du service.

le *vide* se produise, et par suite que le canon éclate.

Cette stabilité est encore assurée, lorsque les soldats portent l'arme la bouche en bas, avantage important pour le service des troupes à cheval.

3° La cartouche étant toujours *placée entière* dans le canon, l'uniformité dans le poids des charges existe en toutes circonstances, puisque l'on n'a pas à la déchirer pour renverser la poudre dans le canon ; par ce fait, la charge de poudre ne peut jamais être réduite.

4° La balle n'étant plus exposée au choc de la baguette ne peut être déformée et écraser les grains de poudre, ainsi que cela arrive fréquemment avec le chargement par la bouche.

5° L'entretien de l'arme est plus facile, toutes les parties internes du canon donnant un accès facile au nettoyage. Du reste ce nettoyage est moins rigoureux, puisque le canon peut fournir un tir très-prolongé sans avoir besoin d'être lavé.

Tels sont donc, en résumé, les avantages principaux qui résultent de ce mode de chargement, sous le rapport du service en campagne.

Comme conséquence des avantages précités,

les armes qui se chargent par la culasse doivent encore, pour assurer un bon service, réunir les conditions suivantes :

1° Présenter un mécanisme simple, solide et d'une manœuvre facile dans toutes les circonstances de la guerre.

2° L'obturation ou la fermeture de la partie sur laquelle repose la cartouche du côté de la charge doit être hermétique, de manière à fermer toute issue au gaz et être garantie contre toute cause de détérioration pouvant se produire par suite du service.

3° Le tir doit s'effectuer sans présenter aucun danger pour le tireur, et chaque détonation doit invariablement chasser de l'âme tous les résidus enflammés, afin que la nouvelle cartouche soit à l'abri de toute cause d'explosion.

4° L'arme doit être pourvue d'un appareil de sûreté, de manière à être désarmée à volonté sans qu'il soit nécessaire de la décharger.

5° Enfin la condition capitale que doit remplir l'arme pour le service de l'infanterie, est que le canon soit toujours fixé sur sa monture, afin que la manœuvre du chargement ne puisse en aucune circonstance compromettre la solidité et la résistance d'une arme qui ne doit pas cesser un seul instant de pouvoir être employée comme arme de main.

Le seul obstacle sérieux qui jusqu'à ce jour semblait contrebalancer les avantages du système des armes se chargeant par la culasse, était la question de consommation des munitions que l'on peut considérer : premièrement sous le rapport de l'approvisionnement individuel, et deuxièmement sous celui de l'approvisionnement général.

Il est incontestable que le soldat aura à sa disposition particulière une plus grande quantité de munitions. Là, nous l'avouons, existe un inconvénient qui peut devenir très-grand en un moment donné, mais qui malgré cela, porte avec lui son remède. Et en effet, en examinant les choses de près, il est facile de voir que si le soldat combat en troupe, n'agissant que sous le commandement et la direction de l'officier, son tir étant réglé n'aura de vitesse réelle qu'à l'instant précis qui lui sera indiqué; vitesse qui n'aura pas à se reproduire, puisqu'ainsi que nous l'avons démontré, cet instant devra être décisif. Il appartient donc à l'autorité et à la sagacité du chef qui commande, de savoir juger ce moment et de ne faire tirer la troupe qu'avec la plus grande réserve jusqu'à ce qu'il se présente.

Si le soldat livré à lui-même combat isolément, sachant déjà qu'il possède une arme puissante et meurtrière qui lui permet de disposer d'une plus grande quantité de munitions sans sentir sa charge plus lourde, il deviendra naturellement plus confiant, et si dans un moment de trouble et de précipitation irréfléchie il *abuse* du tir de son arme, il viendra un moment où elle-même lui fera *comprendre* les conséquences de sa faute. Dès lors, forcé de ralentir son feu et voyant que ses dépenses ont été prodigues, le pressentiment du danger à venir le rendra circonspect et plus économe.

Envisagée au point de vue de l'approvisionnement général, nous dirons que la fabrication étant plus rapide qu'autrefois, et les moyens de transport étant plus nombreux et plus faciles, grâce au développement des chemins de fer dont les réseaux sillonnent presque toute l'Europe, une armée est plus promptement ravitaillée.

D'après les considérations que nous venons d'exposer, il est évident que la question des approvisionnements ne peut plus être aujourd'hui une condamnation, pas plus qu'un motif de rejet de l'adoption de ce mode de chargement.

La seule cause qui en ait retardé l'adoption provient donc uniquement de l'incertitude qui dominait dans le choix à faire, la question de vitesse ayant partagé les avis.

Quelques praticiens ont voulu conserver le chargement par la bouche, d'autres adopter le chargement par la culasse, *afin d'obtenir le plus de vitesse possible*. Un troisième parti dont le système Chassepot et celui de Manceaux ont traduit l'idée, s'est renfermé dans le juste milieu de la question, en produisant une arme, qui, bien que se chargeant par la culasse, ait son amorce séparée de la cartouche.

De cette manière la vitesse devient plus modérée, puisque le soldat, obligé d'abord d'amorcer puis de charger, perd ainsi un certain temps entre chaque chargement.

Enfin d'autres ont voulu conserver la baguette, afin d'avoir une arme pouvant se charger à la fois par la bouche et par la culasse, et assurer le chargement au cas où le mécanisme qui sert à ouvrir ou à fermer la culasse viendrait à se déranger, en plaçant sous la main du soldat, en toute circonstance, le moyen de nettoyer l'intérieur de son arme.

Pour terminer ces préambules trop longs peut-être, mais que nous avons tenu à placer sous les yeux du lecteur comme étant indispensables pour lui faire apprécier la valeur du nouveau mode d'armement à l'ordre du jour, et le rendre juge des conditions auxquelles il doit satisfaire pour assurer un bon service, il nous reste à décrire sommairement les principaux systèmes qui en France, dans ces derniers temps, ont été mis le plus en évidence.

V

Les armes se chargeant par la culasse peuvent être divisées en trois types distincts comprenant chacun un groupe de systèmes de genres différents.

Le 1er type se compose des armes *à canon fixe et à tonnerre mobile.*

Le 2e type comprend les armes *à canon fixe et à culasse mobile.*

Enfin le 3e type est composé des armes *à canon*

mobile et ayant le tonnerre et la culasse fixes, ou seulement la culasse.

Voici d'après cette division le classement des principaux systèmes connus, avec la date de leur création.

Armes du 1er Type.

CANON FIXE, TONNERRE MOBILE.

Amusette du maréchal de Saxe, 1703.

Système Pauly, 1810.

Système Potet (aîné), 1819.

Système Robert, 1824.

Fusil de rempart, modèle 1829 et 1831.

Mousqueton de cavalerie, modèle 1830.

Système Arcelin, 1833.

Mousqueton Scharps, 1840.

Mousqueton Bavarois.

Fusils, mousquetons, et pistolets-revolvers, (importation du colonel Colt, 1851 21 systèmes brevetés dont les meilleurs connus, et les plus répandus en France sont ceux de MM. Lefaucheux, Devisme, Perrin, etc.).

Carabine Suédoise et Norwégienne.

Mousqueton des Etats-Unis.

Armes du 2e Type.

CANON ET TONNERRE FIXES. — CULASSE MOBILE.

Fusil à aiguille, Prussien (modèles 1841 et 1862).

Fusil à aiguille Hessois (1858).

Fusil Manceaux (1856).

Fusil et mousqueton Chassepot (1856 et 1863).

Fusil d'Enfield.

Mousqueton des Cent-Gardes (modèle 1854, cartouche Gévelot).

Dans cette arme, l'obturation est complétée par le culot métalliqué de cuivre qui entoure l'enveloppe de la cartouche à sa partie postérieure.

Armes du 3e Type.

CANON MOBILE, CULASSE FIXE.

Fusil à bascule (système Lefaucheux).

Fusil à bascule (système Gastine-Renette).

Mousqueton Minié.

Mousqueton Lepage.

Mousqueton Julien Leroy.

Dans tous ces systèmes, on met en jeu, pour

obtenir l'obturation exacte, l'élasticité de certains corps faisant partie de la cartouche même.

Il est facile de comprendre que l'emploi des armes appartenant à ce dernier type ayant une manœuvre de chargement qui, indépendamment des dangers qu'elle présente dans le rang, exige la suppression de la baïonnette, doit être rejeté comme arme de guerre pour le service de l'infanterie.

Fusil de Rempart. (Modèles 1829 et 1831.)

Parmi les armes du premier type, nous voyons en première ligne le fusil de rempart, la seule arme de guerre qui ait été officiellement adoptée, et dont les services ont été signalés au siége d'Alger, 1830, et d'Anvers, 1831. — Pour opérer le chargement du fusil de rempart, on tire à soi, à l'aide d'une poignée articulée, le coin, ou coussinet qui sert à faire emboîter le tonnerre dans le canon. Ainsi dégagé, on imprime au tonnerre, à l'aide d'une saillie placée à sa partie supérieure, un mouvement de rotation d'avant en arrière, autour d'une charnière, de façon à présenter en l'air la tranche supérieure. On obtient ainsi l'ouverture nécessaire pour placer la cartouche.

L'arme chargée, on fait la manœuvre inverse, en commençant par rabattre la partie mobile.

Le feu se communique à la charge à l'aide d'une amorce fulminante, que le choc d'un chien-marteau fait détonner.

Le mousqueton de cavalerie, modèle 1830, qui ne fut rien qu'un essai, était pourvu du même mécanisme.

Fusil Robert. (Essayé en 1824.)

Dans cette arme, la culasse tourne autour d'un axe horizontal, perpendiculaire autour du canon. Elle est munie à l'arrière d'une tige courte et assez forte, qui sert de bras de levier pour la manœuvrer, et dont le logement est pratiqué dans l'épaisseur de la poignée.

Cette tige se termine par un anneau qu'un ressort à talon maintient en place.

Pour charger l'arme, on soulève la tige au moyen de l'anneau, et le tonnerre se trouve découvert. L'arme chargée, on remet la tige en place en l'abattant. Une disposition particulière du mécanisme permet d'armer en abaissant la tige, de sorte que quand le fusil est chargé, il se trouve armé automatiquement.

Mousqueton des Cent-Gardes.

Système du colonel Treuille de Beaulieu. (Modèle 1854, *adopté.*)

Cette arme offre un mécanisme aussi simple qu'ingénieux. La culasse, qui fait en même temps office de chien et de noix, peut glisser entre deux rainures ou guides, situées à la partie postérieure du tonnerre. En tirant en arrière la culasse, on met à découvert l'âme, et on obtient l'ouverture nécessaire pour y introduire la charge, qui se compose d'une cartouche Gévelot.

La culasse porte un cran où vient s'engager le bec d'une détente faisant fonction de gâchette. En appuyant sur la détente, un ressort qui s'est tendu dans le mouvement de translation de la culasse se débande, et fait reprendre à cette dernière sa position normale, en la faisant frapper en même temps avec force sur l'amorce.

Le canon est garni de la latte par un ajustage à coulisse.

Fusil et Mousqueton Chassepot

(Système primitif essayé en 1862.)

Dans le système Chassepot (pl. I, fig. 1), le tonnerre se prolonge en arrière, pour servir de conducteur à la culasse mobile dite *verrou*, à laquelle on imprime, au moyen d'un levier arrondi L, dit *clef*, un double mouvement de rotation et de translation.

Cette culasse porte vers sa partie postérieure deux ailettes très-solides A A qui, au moment du tir, assurent la fermeture du verrou en pénétrant dans des logements pratiqués dans l'épaisseur du conducteur, et faisant l'office d'arrêtoirs. De cette manière, la culasse ne peut revenir en arrière.

La culasse est terminée à sa base antérieure par une rondelle en caoutchouc assez épaisse C C et sur laquelle est superposé un disque en acier D D, garni d'une tige à mentonnet T T, qui traverse la rondelle et pénètre dans une petite cavité pratiquée dans l'axe du cylindre, où la pointe d'une vis V, qui pénètre à travers l'épaisseur de ce cylindre, la retient en lui permettant une certaine course dans le sens de son axe (voir fig. 3).

Une ouverture O O est pratiquée dans le conducteur pour l'introduction de la cartouche.

Pour charger, on imprime à la culasse, à l'aide de la clef, un léger mouvement de rotation de gauche à droite, afin de dégager les ailettes de leur logement ; puis, tenant toujours la clef à la main, on tire en arrière le verrou, jusqu'à ce que l'ouverture du conducteur soit entièrement dégagée. Une rainure directrice à angle droit, pratiquée sur la paroi extérieure du verrou, permet de lui donner les deux mouvements indiqués. La pointe d'une vis V, traversant la partie gauche du conducteur, pénètre dans cette rainure et en arrête mathématiquement le mouvement en arrière. La cartouche placée, un double mouvement de translation et de rotation en sens inverse, replace le verrou à la position normale qu'il doit avoir pour faire feu.

L'obturation au moyen du caoutchouc est fort ingénieuse, et se produit d'une façon tout à fait automatique.

La réaction de l'explosion exerce, à l'instant de la détonation, une pression violente sur le disque; or cette pression, réagissant sur la rondelle, la comprime avec une grande force contre les parois internes du tonnerre, qu'elle lute hermétiquement, en fermant ainsi toute issue au gaz; et comme la fusion du caoutchouc ne se produit qu'à une température beaucoup plus élevée que celle où l'arme cesse d'être maniable, il en résulte que le service de la rondelle est toujours assuré.

Le chargement des armes du système Chassepot maintenant l'usage de la capsule, celui de la platine actuelle se trouve conservé.

Fusil Manceaux et Vieillard.

Le tonnerre, comme dans le système Chassepot, se prolonge en arrière pour recevoir la culasse cylindrique ou verrou, qui est animé d'un mouvement d'ouverture et de fermeture exactement identique.

La différence essentielle de ce système porte sur le mode d'obturation, et voici en quoi il consiste :

La partie antérieure du verrou est creusée en forme tronc-conique, pour recevoir un *tronc de cône plein* garni d'une tige filetée, dont l'extrémité est vissée dans un écrou logé dans l'épaisseur du verrou, et susceptible de recevoir, suivant son axe, un léger mouvement de *va-et-vient.*

Dans un évidement cylindrique pratiqué dans l'intérieur du verrou, et à sa partie postérieure, se trouve établi un ressort à boudin, sur l'extrémité duquel vient s'appuyer un levier à bascule qui sert de clef pour manœuvrer le verrou dans le chargement de l'arme. Cette clef se rabat horizontalement par l'effet du ressort lorsque la culasse est replacée pour tirer; et de cette manière, elle ne peut nuire à la commodité du mouvement.

Comme on le voit, l'obturation s'obtient par le mouvement de pénétration du tronc de cône plein dans le cône creux, ce qui permet ainsi d'augmenter progressivement le diamètre de la surface de la grande base du tronc de cône obturateur, et de rendre l'adhérence des surfaces d'autant plus intime, que la réaction des gaz agit sur elles avec une plus grande énergie.

Mais ce système d'obturation mettant brusquement en contact direct deux surfaces métalliques de même nature ou à peu près, n'est pas à l'abri de reproches, et peut déterminer, ainsi que cela, du reste, est arrivé, des ruptures sur l'évidement conique, par suite du choc violent que l'explosion des gaz y exerce.

C'est cet inconvénient, non encore complètement disparu, qui, jusqu'à présent, a donné à ce système un désavantage marqué sur les précédents. Il existe dans le système Manceaux un appareil de sûreté qui ne permet de faire feu que quand il n'y a plus aucun danger pour le tireur.

Quant aux armes du troisième type, dites *à bascule*, la manœuvre de leur mécanisme, ainsi que nous l'avons dit déjà, ne permettant pas de les faire adopter comme armes de guerre pour le service de l'infanterie, nous n'avons pas à nous en préoccuper ici; mais nous devons constater que c'est bien certainement le genre de système le plus simple de tous ceux qui existent, et celui qui présente la manœuvre et l'entretien les plus faciles. Aussi est-ce pour cette double raison que l'industrie privée l'exploite avec le plus grand succès pour les besoins de la chasse et des expéditions lointaines.

DEUXIÈME PARTIE.

1. Origine du fusil à aiguille. — 2. Description du fusil à aiguille prussien (modèle 1862). — 3. Fusil à aiguille (modèle 1841 et manœuvre du chargement). — 4. Description de la cartouche prussienne. — 5. De la pratique du tir dans l'armée prussienne. — 6. Conclusion.

DEUXIÈME PARTIE.

I

ORIGINE DU FUSIL A AIGUILLE.

Depuis que le fusil à aiguille a fixé l'attention de l'Europe par sa puissance meurtrière, chaque pays a voulu s'attribuer le mérite de sa création ; et chez nous où malheureusement le scrupule de conscience en matière d'invention fait trop souvent défaut, on a vu surgir dix, vingt, trente noms de prétendus inventeurs ;

Sans en rappeler aucun, de crainte de faire de nouveaux jaloux dans l'arène du plagiat, nous nous bornerons à rendre à César ce qui lui appartient, et avec l'appui d'une authenticité incontestable, dont nous possédons les preuves, nous devons dire : que c'est à Jean Nicolas Dreyse, ouvrier armurier, né à Sœmmerda en 1787, où son père exerçait la profession de serrurier, que l'on doit attribuer l'invention du *zundnadel-ge-*

wehr, qui, d'après la traduction française du mot, signifie « *arme qui s'allume par une aiguille.* »

En 1810 Dreyse travaillait à Paris dans les ateliers du célèbre armurier Pauly. C'est là que très-probablement s'étant familiarisé avec art aux principes de la construction des armes, il conçut l'idée première de l'arme que plus tard, en 1826, il mit en œuvre, et qu'il présenta sous le nom de *zund-nadel-gewehr*.

Rentré dans son pays vers la fin de 1814, Dreyse, à partir de cette époque, prit en main la direction des ateliers de son père; et voulant donner un libre essor à ses tentatives, il fonda, quelque temps après, une fabrique d'amorces fulminantes pour la chasse.

C'est en exploitant cette nouvelle industrie qu'il imagina d'introduire l'amorce dans le corps de la cartouche, et de produire l'inflammation par le choc d'une aiguille à ressort, qui, pénétrant à travers la cartouche suivant son axe, venait percer l'amorce et la faisait détonner en la frictionnant.

Dreyse venait donc de découvrir une nouvelle cartouche portant avec elle son amorce, et il ne restait plus qu'à lui adapter un moyen d'inflammation qui devait dépendre du mécanisme de l'arme. Le premier fusil à aiguille construit par Dreyse, et présenté officiellement en 1826, se chargeait par la bouche. (1) L'aiguille passait de l'intérieur de la culasse, et agissait suivant l'axe du canon : mais cette disposition ne tarda pas à être perfectionnée en plusieurs points essentiels, et au mois d'avril 1827, l'inventeur prit un brevet de huit années pour son aiguille-ressort et sa cartouche fulminante.

Vers la fin de l'année 1829, le prince Frédéric-Guillaume, frère du roi de Prusse actuel, ayant entendu parler de l'invention de Dreyse, le fit mander à Berlin. Ce prince qui s'occupait avec goût de tout ce qui pouvait contribuer à développer le progrès de l'art militaire, ayant pu juger par lui-même de la valeur que cette invention pouvait avoir dans l'avenir, s'y intéressa vivement. Dès ce moment, il en devint le protecteur, ne cessant d'encourager et de favoriser les recherches de l'habile ouvrier.

Devenu roi, le premier soin de Frédéric-Guil-

(1) On voyait à Dresde il n'y a pas longtemps, chez M. Roswag, riche amateur mort en 1863, un fusil de chasse à aiguille, signé Dreyse, et portant le millésime 1821.

laume fut de doter, en 1840, son armée du nouveau fusil ; triomphant ainsi comme souverain des résistances et des oppositions qu'il avait rencontrées dans l'exécution d'un projet qu'il avait eu toutes les peines à soutenir et à faire valoir étant prince.

C'est donc au génie de l'ex-serrurier de Sœmmerda, et au puissant patronage du roi Frédéric-Guillaume, que l'on doit entièrement attribuer l'idée et l'adoption des armes de guerre se chargeant par la culasse, du système à aiguille.

Entre les premiers essais de 1827 et le modèle 1862, actuellement en service dans l'armée prussienne, et dont l'adoption similaire va très-probablement s'étendre sous peu à toutes les puissances de l'Europe, il s'est donc écoulé près de quarante années de recherches et d'expériences. Il y a là une période stationnaire qui ne peut s'expliquer que par le manque de conception et d'initiative dans un art qui compte certainement d'habiles et d'intelligents maîtres, mais qui malheureusement se sont montrés trop longtemps *routiniers* et pas assez *mécaniciens*.

II

DESCRIPTION DU FUSIL A AIGUILLE PRUSSIEN, MODÈLE 1862.

(Pl. II, n. 2, Fig. 2.)

La disposition fondamentale du mécanisme du fusil à aiguille peut se comparer à celle que l'on rencontre dans certains jouets d'enfant et dans les cierges d'église, pour maintenir constamment la flamme de la bougie placée intérieurement à hauteur de l'orifice du tube, à mesure qu'elle se consume, ou bien encore à celle que l'on remarque dans le jeu populaire de macaron que tout le monde a pu voir fonctionner dans nos fêtes champêtres, et dans lequel une bille se trouve lancée par la détente d'un fort ressort à boudin comprimé dans un étui.

Le fusil à aiguille prussien, modèle 1862, étant l'œuvre du perfectionnement le plus récent de ce système, et ayant figuré dans la guerre de Bohême, nous servira de type comme étude. Nous exposons donc en premier les détails relatifs à sa construction et à son mécanisme, de préférence à ceux du modèle 1841 que nous ne ferons qu'esquisser (pl. 2, fig. 4), et dont, du reste, la manœuvre est la même, et le mécanisme, à très-peu de chose près, semblable.

TONNERRE. — L'arme, telle qu'elle est représentée pl. 1, fig. 2, se compose d'un canon dont le *tonnerre*, prolongé en arrière, se termine par un *manchon* servant à maintenir la culasse dans ses mouvements d'ouverture et de fermeture. Le manchon est garni intérieurement de deux rainures, dans lesquelles peuvent glisser les deux tenons EE de la culasse, et d'une vis V, dont la pointe formant une légère saillie intérieure pénètre dans la fente directrice à angle droit de la culasse, et lui sert de guide dans son double mouvement de rotation et de translation.

Dans la partie inférieure du tonnerre, en avant du manchon, se trouve une mortaise rectangulaire, disposée transversalement; cette mortaise, qui sert à limiter la course du tenon inférieur du verrou, constitue avec la rainure transversale de la culasse et le tenon supérieur ce qu'on appelle *le fermoir*.

CULASSE. — La culasse qui fait office de verrou, et représentée n° 3, se compose d'un cylindre creux, sur les parois duquel se trouvent pratiquées deux fentes, l'une directrice à angle droit, dont nous venons de parler, et l'autre droite, dans laquelle vient s'encastrer la branche du ressort arrêtoir de l'étui dont il sera question plus loin.

Ce cylindre est garni à sa partie postérieure d'une *couronne* fixée au moyen d'une vis V_1, dont la pointe s'engage dans la fente directrice à angle droit du manchon du ressort.

Deux forts tenons de forme rectangulaire sont brasés sur le cylindre, l'un vers la partie supérieure, l'autre vers celle inférieure, et à une distance de la couronne, exactement égale à celle de la largeur du manchon du tonnerre.

Le cylindre se termine en avant par un raccordement tronc-conique, qui vient s'emboîter dans un évidement de même forme, pratiqué intérieurement à la partie antérieure du tonnerre. C'est cet ajustage qui constitue le mode d'obturation.

Ce raccordement tronc-conique est garni d'un fond percé à son centre d'un trou, destiné à livrer passage à l'aiguille quand elle est lancée par la détente du ressort à boudin.

Jeu de l'aiguille. — C'est dans l'intérieur de ce cylindre que se trouve établi le mécanisme du mouvement de l'aiguille, lequel consiste en un petit tube cylindrique T T' nommé *étui* (Voir n° 9), garni à l'une de ses extrémités T' d'une bague ou *virole* B, assez épaisse, et sur laquelle se trouve vissée l'extrémité C de la branche d'un ressort à griffe A C. L'extrémité T de ce tube est taraudée intérieurement pour recevoir la vis D qui forme la tête de l'aiguille (Voir n° 11). Pour monter le mécanisme, on commence par prendre le ressort à boudin figuré au n° 10. On le place à cheval sur le tube T T', et on le coiffe avec le manchon M N représenté au n° 8. Ce manchon est garni d'un mentonnet N, formant une saillie qui permet de donner prise aux doigts dans la manœuvre de la culasse. La partie circulaire du mentonnet, qui n'est autre que le fond du manchon, est percée d'un trou donnant passage à l'étui.

Cette disposition préliminaire obtenue, on appuie avec la main gauche sur le bord d'une table ou d'un banc *la virole* B de l'étui, et on comprime le ressort dans le manchon, en pressant dessus, de haut en bas, avec la main droite, au moyen du mentonnet, jusqu'à ce que la base de ce dernier vienne affleurer l'extrémité taraudée T de l'étui. Alors, introduisant l'aiguille dans l'étui, on visse à fond sa tête dans cette partie taraudée; et le manchon, dès lors maintenu contre la tête de l'aiguille par la pression que l'extrémité du ressort exerce sur le fond du mentonnet, peut se mouvoir dans le sens de la flèche jusqu'à ce que, couvrant entièrement le ressort en le comprimant de plus en plus, il vienne buter contre la virole, laissant à nu et en arrière la tête de l'aiguille et la partie D T de l'étui (Voir le n° 7).

Cette pièce ainsi montée, on l'engage dans le cylindre creux. A cet effet, on dévisse la vis V_1, de manière à donner passage au manchon du ressort; en introduisant le manchon, on a soin, 1° de faire correspondre bien exactement la pointe de la vis V_1 avec la fente directrice, et 2° de veiller à ce que la branche du ressort à griffe s'encastre bien exactement dans la coulisse qui lui est affectée, et qui se trouve pratiquée à la partie inférieure de la couronne. Quand la branche appuie sur le fond de cette coulisse, la griffe repose sur le bord antérieur de la couronne en retenant l'étui. L'assemblage ainsi disposé, et qui est représenté au n° 3, prend le nom de *culasse mobile*, ou celui de *verrou*.

Placement et manœuvre de la culasse. — Actuellement pour placer la culasse, on dévisse légèrement la vis V du manchon du tonnerre, afin que sa pointe qui, comme nous l'avons dit, forme une saillie intérieure, ne puisse en gêner l'introduction ; et on introduit la culasse telle qu'elle est disposée n° 3, en ayant soin de placer les tenons en face de leurs rainures correspondantes. On serre alors à fond la vis du manchon, et quand, dans le mouvement de translation en avant, les tenons se sont entièrement dégagés des rainures du manchon, on imprime vivement au moyen de la clef un mouvement révolutif de droite à gauche à la culasse, qui se trouve ainsi fermée, tout en conservant la position n° 3; dans cette position, la culasse se trouve fermée, mais désarmée.

Pour *armer*, on pousse en avant le manchon du ressort, à l'aide du mentonnet, et dès que celui-ci vient buter contre la couronne, on lui imprime un mouvement révolutif de gauche à droite. Le manchon entraînant avec lui le ressort à boudin dans son mouvement en avant, le refoule en laissant à découvert l'étui, qui de cette manière se trouve en saillie à la partie postérieure ; puisqu'il a été retenu à sa place, ainsi qu'on l'a vu, par la griffe de la branche du ressort arrêtoir, appuyée sur le bord de la couronne. C'est dans cette position que la culasse est représentée montée au n° 1, ou démontée au n° 5.

Le fusil ainsi armé (Voir n° 1), *pour faire partir le coup*, on agit avec la détente sur la gâchette établie en G (Voir n° 4). Cette gâchette soulève la griffe A du ressort arrêtoir, et la dégageant du bord de la couronne où elle était retenue, elle permet aussitôt au ressort à boudin de se détendre. Ce dernier, dans son mouvement, entraîne l'étui en avant, et en même temps il lance l'aiguille au dehors de son étui, à travers le trou pratiqué au fond du verrou, et en suivant l'axe du canon. — L'aiguille ainsi lancée vient percer la cartouche en traversant d'abord la charge de poudre, puis la *pastille fulminante* qui compose l'amorce, qu'elle enflamme en la frictionnant.

Pour ouvrir la culasse, on procède dans l'ordre inverse. On commence par désarmer, en dégageant le manchon du ressort et en le ramenant en arrière à sa position primitive indiquée n° 3. L'aiguille, par l'effet de ce mouvement, rentre dans l'intérieur du verrou ; puis on imprime à la culasse, en agissant sur la clef avec la main droite (la main gauche, maintenant toujours l'arme à la position de croisez la baïonnette), un mouvement de sens contraire à celui qu'on lui avait donné pour la fermer, et on la tire en arrière, en la faisant glisser jusqu'à la limite de la fente longitudinale du cylindre. Le tonnerre se trouve ainsi entièrement ouvert et prêt à recevoir la cartouche.

Ainsi qu'on a pu le voir d'après ce qui précède, la culasse ou verrou du fusil à aiguille prussien se compose, au lieu d'un simple cylindre plein, comme dans le système Chassepot primitif, de trois cylindres creux interposés, savoir : 1° le tube ou *étui* de l'aiguille ; 2° le *manchon* du ressort et 3° le cylindre-enveloppe formant la culasse proprement dite. Le canon est à 4 rayures progressives et l'arme garnie de sa baïonnette pèse 5 kil.

III

FUSIL A AIGUILLE, MODÈLE 1841.

(Pl. II, Fig. n. 1, n. 2 et n. 3.)

Cette arme est la plus généralement répandue dans l'armée prussienne; et à part deux ou trois corps de l'infanterie du prince Frédéric Charles, parmi lesquels les régiments Princesse-Élisabeth et fusiliers de Brandebourg n° 2 ; plus deux régiments de la garde royale, qui possédaient le fusil neuf, modèle 1862, on peut dire qu'elle armait presque toute l'infanterie prussienne engagée dans la bataille de Sadowa. Bien que sa manœuvre soit identiquement celle du modèle 1862, son mécanisme accuse les différences suivantes :

TONNERRE. — Le tonnerre vissé au canon se prolonge beaucoup plus en arrière, et n'a pas de manchon. Il est garni de deux fentes ou coulisses longitudinales et parallèles AB, CD (voir pl. 2, fig. n° 2) reliées entre elles par une troisième fente transversale BC formant un angle droit avec les deux premières.

CULASSE. — La culasse, ou verrou se compose, comme dans le système précédent, d'un cylindre creux dans lequel se loge le mécanisme intérieur de l'aiguille. Ce cylindre est garni extérieurement, et à la partie opposée à l'obturation O, d'un fort tenon T de forme cubique, surmonté d'une tige tronc-conique, terminée par une petite boule Q qui sert de poignée ou de clef pour la manœuvrer. Quand la culasse est fermée, le tenon T porte sur le cran d'arrêt E.

Pour ouvrir la culasse, le soldat, après avoir,

comme précédemment, dégagé le manchon de l'aiguille, et l'avoir tiré en arrière, imprime au cylindre avec la main droite, un mouvement de rotation de droite à gauche, en agissant sur la poignée; puis il le tire en arrière de manière à lui faire parcourir toute l'étendue de la coulisse A B, et arrête le mouvement, en faisant appuyer le tenon contre le cran d'arrêt d'ouverture B, qui par le fait n'est autre chose que l'origine de la coulisse transversale B C. La fermeture s'obtient par une manœuvre inverse.

La culasse étant ouverte, si on veut la sortir du tonnerre, on imprime à la clef un mouvement de gauche à droite, et on n'a plus qu'à tirer à soi dans le sens de la coulisse C D.

Comme on le voit, cette manière d'ouvrir et de fermer la culasse rappelle celle de l'ajustage de la douille de la baïonnette au bout du canon, et est d'une extrême simplicité; mais elle n'est pas d'une stabilité bien garantie. De plus, la clef étant à une distance de la poignée assez éloignée, il en résulte que pour mettre l'arme au bras, la position est gênante et le maniement pénible.

Ce sont ces considérations qui l'ont fait abandonner lors de la création de la carabine modèle 1845 et du fusil modèle 1862.

Quant au mécanisme intérieur de l'aiguille (voir pl. 2, fig. n° 3), il est, à peu de chose près, le même que dans le système du modèle 1862, et les différences principales qu'il accuse se résument aux suivantes :

1° La tête de l'aiguille est fixée ou pour mieux dire emmanchée dans une tige cylindrique K T qui reçoit un mouvement de va et vient par la compression et la détente alternative d'un ressort à boudin. Le ressort est entouré sur la partie de la tige opposée à celle qui reçoit l'aiguille.

Avant de pénétrer dans la cartouche, l'aiguille traverse une pièce en acier de forme tronc-conique appelée *nadelrohr* B B (voir planche 2, fig. n° 4), vissée dans l'intérieur du cylindre près de la partie antérieure. C'est par cette issue qui lui sert de guide, que l'aiguille s'élance au dehors du cylindre pour percer la cartouche et faire détonner la pastille fulminante X. Quand le ressort est détendu, l'extrémité K de la tige dans laquelle l'aiguille est fixée, vient buter contre la base du *nadelrohr*.

En avant du *nadelrohr* existe une cavité annulaire A A que l'on désigne sous le nom de *luft-kammer*, qui veut dire *chambre à air*. Cette chambre, supprimée dans le modèle 1862, dans le but de raccourcir un peu la longueur de l'aiguille, joue cependant un rôle assez important : 1° en empêchant les gaz de s'échapper tumultueusement hors du canon, et 2° en leur permettant de comprimer l'air qu'elle contient, et de produire ainsi au moment de l'explosion *une élasticité* qui a le double avantage d'amortir le premier choc, et de rendre par ce fait leur expansion moins brusque.

Il en résulte donc plus de sécurité, et moins de fatigue pour le tireur, puisque d'une part les chances d'explosion du canon sont réduites, et que de l'autre, la réaction du recul se trouve sensiblement atténuée.

Le canon est à 4 rayures progressives, et le poids total de l'arme avec la baïonnette est de 5 k. 330.

Quant à la manœuvre générale du chargement de l'arme, elle se résume à sept mouvements, dont les positions sont indiquées pl. 3, fig. n° 2.

Partant de la position de la baïonnette croisée, que le soldat ne quitte que pour épauler :

Le 1er mouvement consiste (voir n° 1) à tirer le manchon de l'aiguille en arrière ;

Le 2e, — n° 2, à ouvrir la culasse ;

Le 3e, — n° 3, à prendre la cartouche dans le coffret de la giberne ;

Le 4e, — n° 4, à placer la cartouche dans le tonnerre ;

Le 5e, — n° 5, à fermer la culasse ;

Le 6e, — n° 6, à armer, en poussant le manchon en avant ;

Le 7e, — à reprendre l'arme à la poignée avec la main droite pour épauler, viser et faire feu en pressant sur la détente.

N. B. — La planche n° 2, figure 4, nos 1 et 2, représente la coupe longitudinale du mécanisme intérieur de la culasse.

Le tonnerre est vissé au canon en **M N**. La cartouche repose dans une chambre C D qui se relie à l'arme au moyen d'un raccordement en ogive (1). Le fond de la cartouche appuie sur la base du cône du nadelrohr. *L'obturation* est formée par l'ajustage de l'évidement tronc-conique D E de la culasse sur la partie conique extérieure de la cham-

(1) L'excédant du diamètre de la chambre sur celui du canon permet de loger le sabot, tout en assurant le forcement de la balle.

bre du canon. Cet évidement tronc-conique est pratiqué sur le pourtour annulaire de la chambre à air dont nous avons parlé.

Quand le fusil est armé et chargé, le ressort à boudin comprimé dans le manchon P Q, est retenu par le bec G de la gâchette G H contre lequel s'appuie le rebord K' du manche de l'aiguille; et la pointe de cette dernière vient affleurer le sommet du cône du nadelrohr (voir pl. 2, n° 1).

La culasse étant ainsi armée, pour faire partir le coup, on n'a qu'à agir sur la détente I J dans le sens de la flèche. Alors la traction d'avant en arrière qu'on lui imprime fait baisser la partie H S du ressort de gâchette à laquelle elle est liée en S, et ce dernier, entraînant dans son mouvement le bec G de la gâchette, la dégage du rebord K', en donnant libre accès au ressort à boudin qui, se détendant aussitôt, lance l'aiguille en avant à travers la cartouche. U Z (voir n° 2), représente le ressort arrêtoir du manchon de la tige et du ressort à boudin.

Il existe encore dans l'armement de l'infanterie prussienne une carabine à aiguille, modèle 1845, dont le mécanisme intérieur est exactement semblable à celui du fusil modèle 1841, mais dont le système d'ouverture et de fermeture de la culasse diffère en ce qui suit :

Le tonnerre se prolonge moins en arrière, et est garni d'un manchon à sa partie postérieure. C'est dans ce manchon, qui lui sert de guide, que glisse le verrou. Ce verrou est terminé à la partie opposée au nadelrohr par une couronne sur laquelle la clef est fixée. De cette façon, quand la culasse est fermée, cette dernière appuie contre le manchon du tonnerre, et se trouve par conséquent plus rapprochée de la poignée de l'arme, ce qui procure au soldat une plus grande commodité dans le maniement de l'arme et dans la position de l'arme au bras.

La planche n° 3, fig. n° 1, représente le tracé graphique des flèches du fusil à aiguille prussien modèle 1841, et des armes actuellement en service ou en essai dans l'armée française. Ce tableau, qui démontre l'infériorité de justesse du zundnadel-gewehr, confirme ce que nous avons annoncé au début de cet ouvrage, en disant que cette arme était meurtrière, mais sans justesse.

IV

DESCRIPTION DE LA CARTOUCHE.

La cartouche prussienne se fabrique par des procédés mécaniques, et se compose d'une balle de forme oblongue, qui rappelle celle d'une olive. Cette balle, dont les dimensions et le poids varient suivant le modèle de l'arme (1), est enchâssée dans un sabot de carton comprimé, qui la maintient comme un œuf dans son coquetier. Sur la partie externe du fond du sabot, se trouve une petite cavité circulaire dans laquelle est encastrée la pastille fulminante (voir pl. 1, fig. 3, n°s 4 et 5). Cette pastille fulminante, dont la fabrication a semblé être pendant longtemps un mystère, n'a cependant rien d'inconnu; et nous ne croyons pas qu'il y ait

(1) La balle est du poids de 0 kil. 36 gr. pour le modèle 1841, et de 0 kil. 31 gr. pour le modèle 1862. — La charge de poudre est de 4 gr., ce qui donne pour la cartouche un poids total de 45 gr., et de 40 gr. seulement pour celle de 1862, sabot, étui et enveloppe compris.

le moindre *secret* dans la préparation d'un mélange détonnant dont on connaît la nature des éléments constitutifs, ainsi que leurs propriétés particulières, et qui, en résumé, se compose simplement de trois équivalents chimiques de chlorate de potasse et de deux équivalents de sulfate d'antimoine. Cette pastille est enduite d'un vernis copal, mélangé à une faible quantité de collodion, ce qui lui donne une grande anhydrité. Ainsi donc, comme on le voit, le prétendu secret de la fabrication de l'amorce ne saurait être invoqué pour expliquer l'usage exclusif du fusil à aiguille dans l'armée prussienne, qui, aux yeux de beaucoup de personnes, a paru être pour cette puissance un véritable privilége.

Au début de cet ouvrage, nous avons exposé les raisons principales qui, en France, ont écarté jusqu'à ce jour l'adoption du fusil à aiguille pour l'armement de notre infanterie, et si, parmi elles, la question de la fabrication de l'amorce fulminante a été citée (1), c'est qu'on croyait moins aux garanties de service qu'elle pouvait offrir, qu'au secret de sa fabrication. Or, depuis, l'expérience

(1) Voir page 26.

de la guerre est venue confirmer que cette cartouche, faite soigneusement et avec de bonnes matières, était parfaitement à l'abri des causes de détérioration qui résultent de l'humidité ou du transport, et par conséquent qu'elle assurait en toute circonstance un excellent service.

La poudre est placée en arrière du sabot, et recouvre l'amorce. Elle est maintenue dans un étui en carton mince qui maintient également le sabot. Cet étui, garni d'un fond sur lequel repose la poudre, et enroulé dans une enveloppe de papier collé longitudinalement, est fermé vers la partie antérieure de la balle par une fronce assujétie par un bout de fil enroulé trois fois et noué. Cette partie, jusqu'à la hauteur d'un centimètre, est trempée dans un bain composé de deux parties de cire blanche et d'une de suif de mouton.

L'amorce se trouvant ainsi placée en avant de la charge de poudre, il faut nécessairement que l'aiguille la traverse entièrement pour venir la frapper. De cette manière, l'inflammation se produit de l'avant à l'arrière. De là résulte un avantage important qu'il est bon d'expliquer.

Tout le monde sait que l'inflammation des grains de poudre n'est pas instantanée, mais successive.

Les premiers grains enflammés communiquent le feu à ceux qui suivent; il en résulte donc que si on enflamme la poudre par le bas, les gaz provenant de la combustion des premiers grains chassent avec violence hors du canon une partie de ceux qui n'ont pas eu le temps de s'enflammer ; il arrive qu'une partie de la poudre se dégage du canon sans avoir été brûlée ou en brûlant, sans produire son effet. Par ce fait, il surgit souvent une difficulté pour régler convenablement le poids de la charge, puisqu'en prévision de ce qui arrive forcément, on met presque toujours plus de poudre qu'il n'en est nécessaire.

Lorsqu'au contraire, et c'est le cas de la cartouche prussienne, on enflamme la poudre par le haut, c'est-à-dire près de la balle, de manière à faire brûler cette poudre d'avant en arrière, la balle, au lieu de recevoir une impulsion unique et brusque, reçoit une série d'impulsions successives et croissantes, et les gaz agissent sur elle comme la vapeur agit sur un piston quand elle marche avec détente. Par ce procédé, la poudre brûle en totalité dans l'intérieur du canon, et pas un grain n'est perdu ou brûlé au dehors, sans avoir été utilisé.

V

DE LA PRATIQUE DU TIR DANS L'ARMÉE PRUSSIENNE.

L'armée prussienne est peut-être, de toutes les armées de l'Europe, celle où le tir à la cible se pratique, sinon avec le plus de méthode, du moins avec le plus d'assiduité.

C'est le service le plus important de l'infanterie prussienne. Il passe avant tous les autres, et se dirige avec une méthode digne d'attention.

On part d'un principe très-vrai, c'est que *la pratique non interrompue, est la condition essentielle pour former un bon tireur*. Aussi les exercices du tir durent-ils toute l'année.

Chaque homme d'un régiment d'infanterie doit tirer 100 balles par an, et jamais il ne doit en tirer plus de 10 dans la même journée, chiffre qui représente la valeur d'un paquet.

Pour ce service, les hommes sont divisés en trois classes; les recrues appartiennent naturellement pendant toute la première année à la

3e classe ; et ce n'est qu'après avoir brûlé les 50 premières cartouches que les 1re et 2e classes sont formées.

On ne change de distance, dans le tir à la cible, qu'après avoir obtenu avec 5 balles la *quantité minimum* de points fixés pour chaque distance réglementaire, et en se conformant à certaines conditions qui varient d'après la distance à laquelle on tire. Ces conditions consistent à tirer à genoux, debout ou en marchant.

La première classe se compose des hommes qui ont mis 25 balles sur 50. La deuxième, de ceux qui ont mis de 15 à 24 balles sur 50, et la troisième, de tous ceux qui ont mis moins de 15, après avoir satisfait aux exigences précitées.

Les classes sont reformées à la fin de chaque année, en observant pour règle la même proportion, c'est-à-dire que la première classe se compose de tous ceux qui ont mis 50 balles sur 100, en ayant satisfait aux conditions de position et d'adresse relatives à chaque distance, et ainsi de suite.

Le fusil à aiguille modèle 1841 et 1842, et la carabine à aiguille modèle 1845, constituent en général l'armement de l'armée prussienne. Les distances pour le fusil à aiguille sont de 150, 200, 250, 300, 400, 500 et 600 pas; pour les tireurs de la première classe seulement, le tir se prolonge jusqu'à 700 et 800 pas.

Les résultats de chaque tir sont inscrits sur les livrets des soldats. Les bataillons de chasseurs sont armés de carabines à aiguilles. Chaque chasseur tire annuellement 200 balles au lieu de 100; le tir est obligatoire pour les officiers et sous-officiers; seuls les officiers peuvent tirer à part et à volonté pendant toute la durée des exercices.

En Prusse, il n'y a pas d'officier chargé spécialement du tir. Chaque officier s'efforce d'atteindre à un haut degré d'habileté personnelle, afin de pouvoir donner dans cet exercice, comme dans tous les autres, l'exemple au soldat.

A Spandau, il y a une École spéciale de tir dont l'enseignement est basé à peu près suivant les mêmes règles que celles de l'École de tir de Châlons.

Chaque régiment y envoie tous les ans un sous-lieutenant, trois sous-officiers et trois soldats, proposés et susceptibles d'avancement, qui, rentrés à leurs corps, y propagent les principes de la méthode qu'on leur a enseignée; mesure excellente, qui existait en France, à l'époque où il y avait des écoles secondaires de tir, et que l'on a malheureusement abandonnée.

CONCLUSION

Au milieu de l'agitation morale produite dans ces derniers temps par les résultats de la campagne des Prussiens en Bohême, bien des idées ont surgi en France, relativement au perfectionnement des armes de guerre, et dont quelques-unes, mises en relief, ont offert des innovations fort habiles.

Cependant, si on examine les choses de près, on ne tarde pas de reconnaître que c'est toujours le même principe mécanique, plus ou moins heureusement modifié dans son ensemble ou dans la disposition particulière de ses pièces. Perfectionnements ingénieux tant qu'on voudra ! et auxquels nous devons, il faut le reconnaître, deux armes très-justes, très-puissantes, solides, légères et élégantes ; mais dont la construction compliquée et par conséquent onéreuse présentera toujours un entretien délicat. Ce sont là deux inconvénients qui subsisteront indubitablement, tant que l'on se basera sur le même système de mécanisme.

Pour nous, la véritable arme de guerre appelée à traduire la dernière expression du progrès sera celle qui ne présentera plus de complication de mécanisme, et dans laquelle tout fonctionnera automatiquement par la simple action de la main, sans intermédiaire de ressorts. Bien que nous reconnaissions les premiers que c'est précisément parce que la solution doit être simplement rendue, qu'elle est d'une grande difficulté à trouver, nous sommes néanmoins convaincu qu'on y arrivera, du jour où on portera les recherches en dehors de l'ornière des routines.

Or, il est irrécusable que jusqu'à présent, tout ce qui a été fait récemment, concernant les armes de guerre, n'a porté que sur des modifications appliquées au système *en vogue*, c'est-à-dire au système à aiguille; aucune arme, par le fait, n'a été inventée. Que le fusil à aiguille soit modifié d'après les idées d'un tel ou d'un tel, pour le public, ce sera toujours le fusil à aiguille, conservant avec lui les inconvénients inhérents au système, quelle que soit la nuance de sa modification.

Là est la routine; et pourquoi? Parce que, en

France, sitôt qu'une idée nouvelle surgit, tout le monde s'y intéresse, s'y attèle, sans songer que souvent d'autres, aussi dignes de fixer l'attention, existent à côté. Mais celles-là n'ont qu'un tort, c'est de ne pas être de *mode*. Alors délaissées on les oublie, quitte à y revenir le jour où le moment leur sera plus propice; et c'est ainsi qu'il arrive que cédant à la pression d'un entraînement momentané, on décide une adoption que plus tard viendra détrôner une idée encore plus simple et plus ingénieuse. Ceci s'explique la prudence et la réserve, que l'on doit toujours apporter dans le choix d'un armement définitif et général.

En matière d'invention d'armes de guerre, les recherches ne devraient jamais concourir toutes aux modifications d'une même idée. Elles devraient au contraire se diviser de manière à s'étendre également aux perfectionnements à introduire dans des inventions qui, bien que tendant au même but, sont *basées sur des systèmes de principes différents.* Ce serait là un moyen de mettre un plus grand nombre d'idées en œuvre, qui permettrait ainsi d'expérimenter comparativement sur une plus grande échelle, et de mieux se rendre compte de la valeur des recherches, tout en évitant bien des dépenses, et des incertitudes qui presque toujours ont été la cause véritable du retard dans la marche du progrès de l'arquebuserie.

Quand on compare l'art de l'arquebuserie à celui de l'horlogerie par exemple, on est frappé des différences de progrès de ces deux industries, et on est en droit de se demander pourquoi, tandis que le premier si compliqué, exigeant une précision mathématique aussi rigoureuse, a fait le tour du monde, en laissant sur chaque trace de son passage des inventions ou des perfectionnements tous plus ingénieux les uns que les autres, pourquoi, disons-nous, celui de l'arquebuserie si simple en réalité, et qui se résume à de simples questions d'ajustage, a-t-il marché si lentement?

Depuis les premières montres importées d'Allemagne en Angleterre en 1597, et la première pendule offerte à Louis XIII par la république de Genève, jusqu'aux montres bijoux marchant avec la précision d'un chronomètre, et l'horloge mystérieuse de Robert Houdin, où il n'existe plus de rouages, il y a une différence dans la croissance du progrès, que ne saurait égaler celle qui sépare le premier mousquet du fusil encore actuellement en service!

Ces considérations donnent assez à réfléchir pour faire comprendre que jusqu'à ce jour l'arquebuserie a trop dormi, et qu'elle ne doit pas rester plus longtemps en arrière sur une industrie qui, bien qu'ayant peut être une plus grande importance commerciale, n'est pas comme elle intimement liée à l'existence des peuples et à la sécurité des nations.

Paris, 10 Août 1866.

FIN.

Sceaux. — Typographie de E. Dépée.

Pl. N°1.

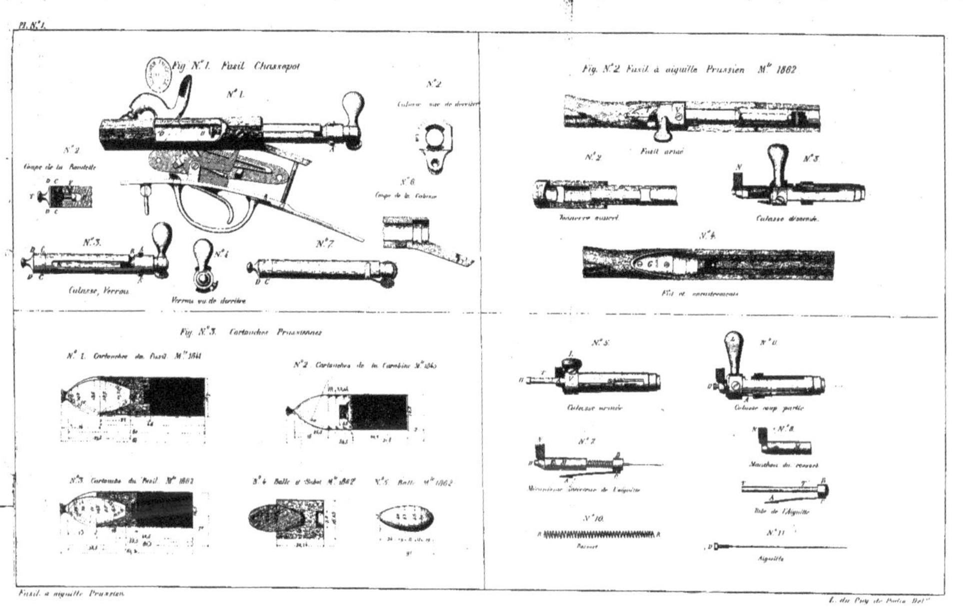

Fusil à aiguille Prussien.

L. du Puy de Podio Del.

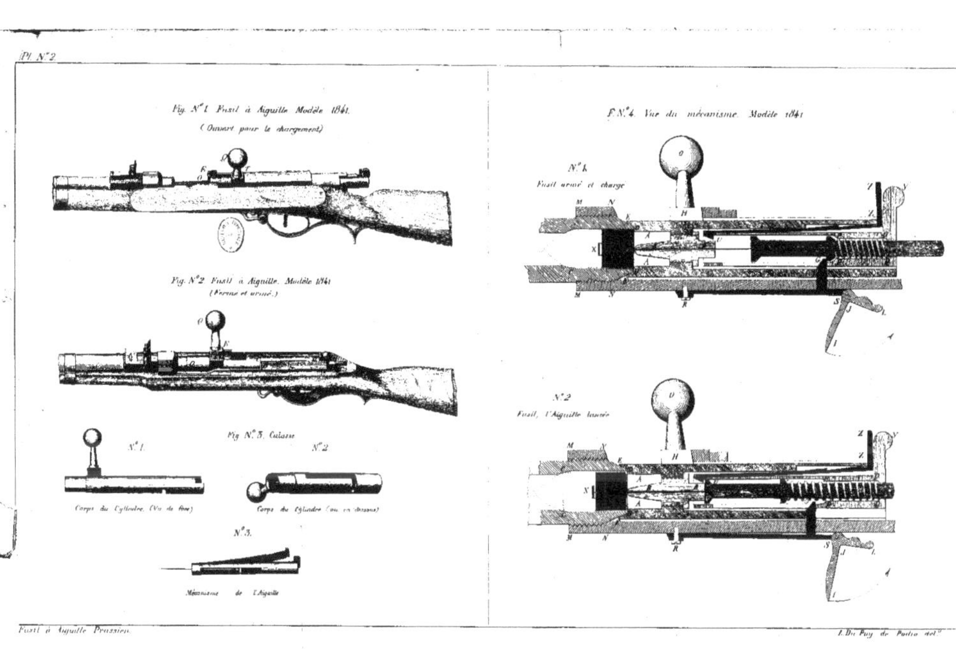
Pl. N° 2
Fig. N° 1. Fusil à Aiguille Modèle 1841.
(Ouvert pour le chargement)
Fig. N° 2. Fusil à Aiguille. Modèle 1841
(Fermé et armé.)
Fig. N° 3. Culasse
N° 1.
Corps du Cylindre. (Vu de face)
N° 2.
N° 3.
Mécanisme de l'Aiguille
F. N° 4. Vue du mécanisme. Modèle 1841
N° 1.
Fusil armé et chargé
N° 2
Fusil, l'Aiguille lancée
Fusil à Aiguille Prussien.
J. Du Puy de Podio del.

Fig. N° 1.

TRACÉ GRAPHIQUE DES COURBES DE FLÈCHES

Du fusil à aiguille Prussien, Mle 1841, du fusil d'Infanterie Français, Modèle 1842, de la Carabine de Chasseurs, Mle 1859, du fusil système Chassepot, et du fusil en essai Calibre 11mm,5.

(Expériences faites à Vincennes en mars 1866.)

TABLEAU DES FLÈCHES

Désignation des Armes	100m	200m	300m	400m	500m	600m
Fusil à aiguille Prussien Mle 1841.	0m,30	0m,90	1m,85	3m,60	6m,12	9m,95
Fusil d'Infanterie Mle 1842.	0m,25	0m,76	1m,66	3m,16	5m,48	8m,80
Carabine de Chasseurs Mle 1859.	0m,19	0m,69	1m,51	2m,87	4m,62	7m,68
Fusil système Chassepot, Calibre 11.	0m,13	0m,56	1m,22	2m,34	3m,87	6m,00
Fusil calibre 11,5.	0m,05	0m,38	0m,90	1m,75	2m,90	4m,55

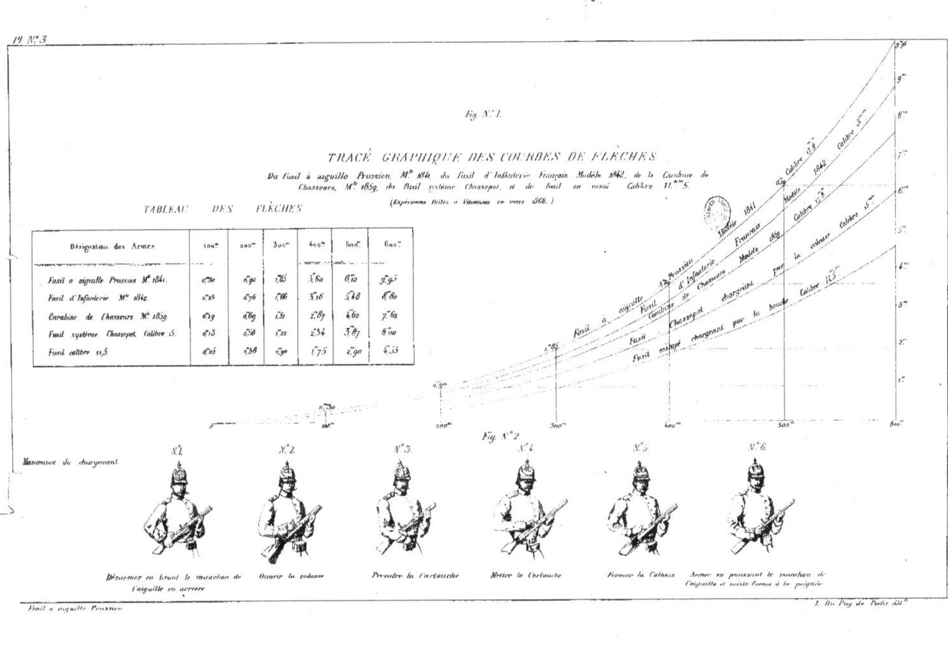

Désarmer en tirant le manchon de l'aiguille en arrière — Ouvrir la culasse — Prendre la Cartouche — Mettre la Cartouche — Fermer la Culasse — Armer en poussant le manchon de l'aiguille et saisir l'arme à la poignée

SCEAUX. — TYPOGRAPHIE DE E. DÉPÉE.

www.ingramcontent.com/pod-product-compliance
Ingram Content Group UK Ltd.
Pitfield, Milton Keynes, MK11 3LW, UK
UKHW020203200726
13856UKWH00003B/1174

9 782011 340313